GUIDO F. MANZANO

México Lindo

Reflexiones de cómo debería ser nuestro país dada la raza tan chingona que somos.

"Si no hay justicia para el pueblo que no haya paz para el gobierno."

Emiliano Zapata

Contenido

Prefacio

Tengo que decir que éste tal vez sea uno de los trabajos más informales que haré en vida, pero sin duda uno que estuvo esperando demasiado a conocer la luz.

Sabrán que diario hablo de estas cosas, me quejo, digo como debería ser este mundo, este país más que nada.

Crecí como un idealista, alguien que ve el mundo como debería de ser, no como es. ¿Y qué si lo hago? ¿Qué diferencia hace lo que pienso si se queda conmigo?

Al momento de escribir esto, nos encontramos invadidos por una "pequeña" catástrofe llamada COVID-19, curiosamente los acontecimientos me hicieron darme cuenta de que era hora de poner mi granito de arena.

Viendo el pánico generalizado en todo el mundo, dar un respiro y un poco de calma, es lo menos que puedo hacer como escritor.

Los escritores a lo largo de la historia, hemos dado forma a una parte importante de nuestra evolución: la Cultura Humana. Si lo piensan bien, somos una sola cultura, que, si creció en muchas ocasiones aislada y dividida, pero, a fin de cuentas, seguimos siendo una sola.

En los siguientes capítulos, no pienso atacar a nadie más que a una sola cosa: el

Conformismo, o mejor conocido en México como la Hueva Mental, y sí, me verán hablar así a lo largo de libro, no sean mojigatos, ¡Sean Mexicanos!

No abordo los temas que presento a continuación desde el lado técnico. Todo esto es mi pensar, y lo quiero exponer desde el lado más humano posible, llegar a su corazón es más importante, pues es la emoción la que genera la acción.

Seré lo más breve y conciso posible, pues mi intención es inspirar, no entretener.

Con todo esto espero abrir sus mentes y corazones a lo que podría ser un mejor pueblo, más fuerte, más sano, más inteligente, todavía más empático.

iii

1

Elecciones Limpias y Auditables

Primero que nada, debemos empezar con la base de nuestro Estado: las Elecciones.

Actualmente, no es más que un aparato de entretenimiento social, un circo, maroma y teatro. Un mal chiste, y muy mal contado la verdad.

Nos cuesta demasiado a los mexicanos un sistema tan ineficiente para elegir a nuestros "representantes de gobierno". Toda esta faramalla sale de nuestra bolsa, así que debemos exigir un 100% de satisfacción en el servicio. Si, es un servicio la Administración Pública, y no deberíamos llamarle gobierno.

Debemos adoptar el paradigma de que el gobierno somos nosotros, y no dejarle la responsabilidad del presente y futuro nuestro y de nuestros hijos a unos cuantos, que, en estos momentos, la mayoría sólo vela por sus intereses.

Por eso debemos desarrollar un sistema de auditoría a cada acción que se lleve a cabo, y no sólo quedarnos mirando como toman todo el arduo trabajo de los mexicanos y se lo comen, se lo apuestan, se lo toman, etc.

ELECCIONES

Las elecciones deberían hacerse de forma electrónica, de ser posible, hacer el voto

público y edificarlas de manera que no haya represalias (más adelante explico cómo se evitaría esto). Esto haría el recuento mucho más rápido, eficiente e incorruptible.

También sería más amigable con el medio ambiente, algo de lo que hablaré mucho a lo largo de este libro, sólo lo advierto de antemano.

Establecer una base sana de nuestra sociedad, de nuestra cultura política, sería el paso decisivo para que nuestro pueblo sea la civilización avanzada que debe ser.

Los mexicanos son una raza fuerte, inteligente e increíblemente resiliente. Hemos aguantado saqueos inhumanos no por sexenios, por siglos. Desde que Cortés puso un pie en esta sagrada tierra, y dar guerra, no ha sido más que vivir a expensas de las decisiones de alguien más.

Ésta era una civilización grandiosa, basada en el respeto y en el cultivo del conocimiento, atlética como pocas y sana como ninguna.

Digo todo esto no para llorar por ello, sino para que nos demos cuenta de que todo ellos aún existe en nosotros, sólo hay que despertarlo, ya que aún sigue un poco adormilado.

Es tiempo de dejar de ser un pueblo tan **AGACHADO**, y exigir el presente y el futuro que en verdad merecemos.

2

Desaparición de Partidos Políticos

Como mencioné en el capítulo anterior, hay una forma para que las elecciones sean públicas e incorruptibles, y esta es la primera: Abolición de partidos y asociaciones políticas.

Por décadas, éstos han sido no más que una maquinaria de enriquecimiento ilícito y empobrecimiento desvergonzado del pueblo mexicano, con representantes que nos han robado tanto.

Las comunicaciones solían ser propiedad del pueblo, o como se acostumbra a decir, gobierno. Era una para-estatal, y la infraestructura nos pertenecía a todos. Es algo que no se debió vender, pero a estas alturas hacer algo está fuera de nuestro alcance, al menos no hasta que cambiemos varios paradigmas sociales y políticos, y ese cambio debe venir desde casa, desde la educación que demos a nuestros hijos.

La tierra es del mejor postor, en vez de quien la trabaja.

El sistema ferroviario al servicio de los mexicanos que nos dejó Porfirio Díaz hace un siglo, tiene dueño.

La CFE y PEMEX se vienen a convertir en empresas privadas, quedando con la infraestructura que le costó al Erario, gracias a nuestro querido Lord Peña, pasándose por los huevos el 18 de marzo.

Si hablo de todo esto, no es sólo para quejarme, si no para poner hincapié en una de las pocas razones por las que debemos cambiar los mecanismos para la elección de nuestros representantes de la Administración Pública.

Llevan a cabo proyectos sucios, una agenda que beneficia a una gran minoría, a costa del esfuerzo y hambre de la mayoría.

Es por todo esto que los partidos deben desaparecer de la maquinaria política de nuestro país. Debemos empezar con elecciones libres, candidatos independientes que se representen a sí mismos en su proyecto social y económico, a nivel local, estatal y nacional.

Las campañas serían más económicas también si nos ahorramos pósteres, espectaculares y comerciales en televisión. Eso no es más que basura física y psicológica. El Internet es gratis, o en el peor de los casos, la inversión es mínima. Los proyectos deberán ser presentados de manera clara y concisa, sin tanto rodeo, sin metas imposibles, sin promesas falsas.

Esto último es posible, ya que cada acción sería auditada, y de no cumplir con las expectativas, debe haber repercusiones si queremos tener una sociedad limpia y eficiente.

Esto liberaría al erario para que podamos tener acceso a una mejor calidad de vida en

general, pero estos serían los primeros pasos antes de que cualquier cosa pueda cambiar en nuestro país.

3

Enriquecimiento Ilícito y Fuero Diplomático

Éste es un asunto un poco complicado, pero lo vamos a abordar de forma más clara posible.

Entiendo que el fuero como tal es un mecanismo hasta cierto punto necesario dada la naturaleza de la calidad de representación pública.

Pongámoslo en el peor de los casos, y atendiendo a la lógica de quienes inventaron este mecanismo, que se podría datar de la era monárquica. Ésta era una herramienta importante en aquel entonces.

Digamos que eres el Rey de visita en un reino vecino, y que por tus huevos matas a un par de campesinos y violas a sus esposas, porque simplemente te gustaron.

Ahorita las redes sociales te estarían comiendo vivo, pero también ponte en el lugar de tu homólogo (tu vecino el rey), ¿Crees que debería iniciar una guerra por encarcelarte? ¿Tienes idea de las vidas, territorios y recursos que se ponen en juego? ¿Crees que vale la pena poner en riesgo todo eso por un capricho? No, no lo vale.

Es por eso por lo que existe el fuero, para evitar un caos político y social por lo que en aquel entonces se consideraba una nimiedad.

Pero hoy todo eso es distinto. Vivimos en democracia, o queremos creer que lo hacemos. Si queremos una sociedad más justa, más equitativa, más limpia, el fuero debe desaparecer en todos los niveles de Administración Pública.

Notarán que le llamo Administración Pública y no "Gobierno". Lo mencioné antes, cierto, pero quiero hacer hincapié en esto. En sí misma la palabra gobierno quiere decir que alguien dicta la acciones, y el coloquio acostumbró a generaciones a que ese albedrío quede en las manos de alguien más.

Estamos en un punto muy adelantado como civilización como para que sistemas políticos arcaicos sigan proliferando en nuestro mundo, pero enfoquémonos en México en ésta ocasión.

Como mencioné anteriormente, los Partidos Políticos deben desaparecer, y con ellos su impunidad y saqueo constante del erario.

4

Control de Salarios

México es el país con los representantes parlamentarios mejor pagados en el mundo, no por ellos los más trabajadores.

Por décadas han contado con beneficios que si acaso los CEO de otros países tienen, pero mínimo esas personas deben presentar resultados positivos, o si no son relegados de sus cargos.

Aquí con trabajo se presentan a las sesiones, y hasta borrachos llegan. Esa es una falta de respeto al pueblo mexicano que los mantiene.

En ésta instancia, los países desarrollados tienen sus representantes bien pagados, pero no como si fueran reyes. Ellos deben tener sus propios vehículos y hacerse cargo de ellos y no tiene servidumbre. Tanto los funcionarios como los ciudadanos son conscientes de que la Administración Pública y el Parlamento, son mecanismos al servicio de la comunidad, por lo tanto, nuestros empleados.

Es absurdo que el empleado gane más que el jefe. Si, por si no te habías dado cuenta, eres el jefe de cada presidente municipal, diputado, senador, gobernador y más aún del presidente de la República. ¿Por qué deberían ganar más que el promedio de la población? Simplemente porque nos dejamos. Porque somos una bola de agachados.

Se entiende que cada uno debe poder vivir dignamente considerando que pertenecemos al Estado, pero considerando un mínimo para los funcionarios de la administración pública, parlamento y representante nacional.

Como nuestro actual presidente predicaba tanto: "Nadie debe ganar más que presidente".

Me gustaría corregir esto para que sea más justo: Dentro de la Administración Pública y Parlamento, nadie debe ganar más que él presidente, pero los ciudadanos nunca deben ganar menos que él.

Cuando esto sea una realidad, entonces si sabremos que hemos avanzado como sociedad.

Sé que es más fácil de decirlo, pero en verdad que es un proceso algo sencillo si todos ponemos nuestra parte en ello, y a largo plazo mejoraría la calidad de vida de todos.

5

Impuestos Injustos

Bueno ya hablamos de la maquinaria política y porqué es esencial que cambie, pues son los cimientos de nuestra sociedad.

Ahora hablaremos de los sistemas fiscales que tienen a nuestro país enredado en la pobreza, pues la economía vendría a hacer la estructura sobre la que se sostiene nuestro pueblo.

En una democracia como en una monarquía o cualquier otro sistema político, los impuestos son el sustento del Estado, la comida y agua de éste. Es lo que lo nutre y no deja que muera.

Pero seamos sinceros, no queremos un obeso Estado que sólo coma y coma y no produzca resultados por aquello que consume.

Antes que nada, un Estado no debe ser manejado como una empresa privada, es lo más desastroso que le puede ocurrir a cualquier sociedad.

Los ingresos de éste deben ser utilizados exclusivamente para mantener una estructura socio-política y económica saludable: producción agrícola, agua potable, sistema de red eléctrica, comunicaciones y transportes.

Mas, sin embargo, no es extraño para nadie que el sistema tributario en México es ineficiente y excesivo.

Pagamos infinitamente el IVA por comprar productos y servicios de primera necesidad.

Lo que es peor, y la lacra tributaria más cancerígena que puede existir: el ISR. ¿Como es que se debe vivir en una sociedad en la que prácticamente te quieran obligar a pagar por trabajar?

Como si ellos pusieran algo o te mantuvieran.

Pongamos como ejemplo un carpintero.

Ya pagaste impuestos por la madera que compraste, que es tu material. Por la herramienta. La energía eléctrica, que no es tan barata. La hora de la comida también te generó ya un pago de impuesto. ¿Porque todavía tienes que pagar más?

El sistema fiscal debe cambiar para bien de los mexicanos. No digo que se deban abolir los impuestos por completo, porque es una necesidad vital del estado, pero éste tiene que dejar de ser un niño gordo y huevón.

Casi me olvido de un detallazo: la tenencia. De verdad que es un cáncer que debemos parar, tanto el pago anual de tenencias como de renovación de licencias de conducir. Nadie nos paga los dinerales que gastamos en comprar, mantener y abastecer nuestros autos.

Cuando compraste tu auto, ya pagaste un montón de impuestos y aranceles, no deberías

pagar absolutamente nada después. A fin de cuentas, a diferencia de los bienes raíces, un auto se devalúa con cada año que pasa.

Derivado de esto están los peajes, un robo a despoblada cuando las carreteras que pagamos con nuestros impuestos deberían ser libres y estar impecables.

El IVA y el ISR deben desaparecer hasta de nuestro léxico si queremos ofrecerles, no un futuro mejor a nuestros hijos, sino, para empezar, un futuro.

6

Acabar con CFE

Es el colmo que una empresa que solía ser una para-estatal, para convertirse en una empresa privada, siga siendo una rémora del erario con los subsidios que recibe.

Más aún que sea un monopolio, que no te permita obtener tu propia energía eléctrica de otras fuentes más renovables y asequibles, como son la energía solar y eólica.

¿Cómo está eso de que te tienen que dar permiso de poner tus propios paneles? Y si te lo dan, tienes que seguir conectado a la red. Esas son, con el debido respeto que me deben los lectores, pendejadas.

El costo de las energías renovables no es barato, sin contar que el Estado no ofrece subsidios para la adquisición de éstos, pero sí para seguir enriqueciendo a una bola de baquetones de la CFE.

Debe haber una reforma energética, sí, pero en ella se debe expropiar toda la infraestructura que estos mañosos se robaron "con todas las de la ley", literal.

Pero si queremos avanzar de verdad, debemos empezar por desaparecer nuestra huella de carbono. Esto nos beneficiará a largo plazo en todo sentido, pero en lo que nos concierne, económicamente.

Los sistemas sustentables se pagan solos, al menos los más modernos, y se debe impulsar, incentivar y patrocinar la investigación para sistemas mucho más eficiente y escalables.

Un monopolio como este no hará más que estancarnos en el siglo pasado.

En ese entonces todavía podíamos darnos el lujo. Con el calentamiento global que se nos mete hasta la cocina, eso ya no es posible.

No es por ser alarmista, es por ser realista. Aún podemos cambiar el rumbo al que se dirige nuestro planeta. Esto que digo es un paso en el país, pero hace falta la unión internacional, y para ello, debemos empezar nosotros.

7

Emanciparnos de PEMEX

El 18 de marzo ahora es una broma de mal gusto celebrarlo.

"Día de la Expropiación Petrolera", en la primaria y secundaria uno se esforzaba hasta por pronunciarlo bien, y cada vez que caía ese día, veías las exposiciones para celebrarlo.

Ahora que, con la reforma energética, al igual que la CFE, ésta se volvió una empresa privada, los dirigentes se volvieron aún más ricos, a costa otra vez del erario.

Es por eso por lo que al principio recomendé un mecanismo de auditoría política, en la que lo actores de cualquier acontecimiento que ponga en juego el sustento y la vida de los ciudadanos fueran responsable por ello.

Miren, las leyes no deberían ser algo que unos pocos puedan promulgar y decidir. Son algo muy delicado que debe regir a TODOS en la nación. Es por eso también que en una Democracia no debe existir el fuero: todos somos iguales ante la ley, para eso fue creada desde el principio, es su identidad.

Los energéticos mueven el país, si vas a transportar comida, víveres, ir a trabajar y hasta cocinar.

El país se muere sin su sistema energético.

Pero tomemos en cuenta las consecuencias ambientales de este sistema también. Anteriormente hablé sobre que debemos borrar nuestra huella de carbón si queremos sobrevivir unos siglos más, tal vez un par de milenios.

Hay muchos combustibles no fósiles en la actualidad que con el debido patrocinio serán mucho más eficientes que los derivados del petróleo.

8

Prescindir de Policías, Ejército y Dependencias Jurídicas Obsoletas

Esta es una parte delicada a la que no quería llegar, pero en mi experiencia es esencial para el desarrollo de una sociedad pacífica, productiva y feliz.

Si, la felicidad debe ser un factor en toda sociedad, si no, ¿Para qué es la vida?

México es el país más permisivo del mundo, al mexicano le vale madre todo, nos reímos del miedo. Viene un virus que sacude la salud y economía del mundo, y nos ponemos a hacer memes en cantidades industriales.

Esta actitud se podría considerar como resiliencia, pero la verdad más bien es indiferencia.

No es secreto que las naciones con un nivel de felicidad más alto tienen los presupuestos más bajos para su sistema judicial y prevención criminal.

Pero tiene mucho que ver con la manera en la que esas sociedades han evolucionado con el paso de los años.

No es extraño para nadie que México tiene a los policías más corruptos del mundo, lo que actúa en beneficio de algunos, pero que en general nos jode a todos.

Es obvio que no se pueden quitar de la noche a la mañana, pero si optimizar el sistema de reclutamientos y de entrenamiento psicológico. Si, es parte importante para que nuestra sociedad avance y ser un país de primer mundo.

Si no podemos dejar de tenerlos, al menos tener los mejores que se pueda, y con un costo razonable.

Prevenir la corrupción en este ámbito es más sencillo dicho que hecho, pero es posible con la legislación y educación correcta.

De igual manera se debe aplicar una reestructuración de salarios, porque a fin de cuentas, son empleados de la ciudadanía, y los empleados no deben ganar más que el jefe.

Por otro lado, están los ministerios públicos, una entidad jurídica en exceso ineficiente y costosa.

No tienen jurisdicción en muchos casos, como son mercantiles y civiles, según te dicen, así que entonces ¿Para qué sirven?

Si hay muchos casos en los que te enviarán con un juez y tendrás que pagar abogados para tal servicio, ¿Por qué no mejor crear un sólo sistema de juzgados? El ministerio público es un mediador, como tu abogado si fuiste la víctima, pero muchas veces los casos se quedan inconclusos por años, si te va bien, eso si no hay dinero de por medio.

Nuestro sistema de justicia necesita un "revamp" desde sus cimientos, desde la mera legislación, en donde en verdad nadie esté por encima de la ley, y la justicia sea impartida expedita y limpiamente.

Entiendo que muchos empleos se perderían de prescindir de estas dependencias, pero tomando en cuenta el bien mayor, a la larga estas personas se verían beneficiadas de igual manera, algo de lo que hablaré más adelante.

Para terminar con este tema, es importante un cambio de paradigma acerca del crimen y la justicia, de que seamos responsables, y que se pierda de nuestra jerga esos dichos que tanto daño nos hacen como sociedad de que "el que no tranza no avanza".

Empezar a fomentar una sociedad honesta nos hará libres del crimen y de la polución física y psicológica que éste trae.

Ser buenos nos conviene a todos, y siempre seremos más los buenos.

9

Sistema de Salud Eficiente

Un país sano no es el que tiene los mejores adelantos médicos, sino el que menos hospitales necesita.

Lo sé, lo sé, para muchos será una tontería dado el caso actual de la pandemia de

COVID-19 declarada oficialmente por la OMS.

Pero es la verdad, no se jalen los pelos todavía, déjenme explicar un poco mi punto.

El día que en México se decidió cerrar las escuelas, adelantando las vacaciones de semana santa y extendiéndolas hasta un mes, olas de gente se fueron a las playas. No me lo contaron, las redes sociales estaban llenas de fotos y vídeos de estos casos.

Si tu fuiste de éstos, debería darte vergüenza y redefinir tus prioridades en la vida. Para empezar, plantearte si valoras tu vida.

Es obvio para la mayoría de la gente que éste fue un virus creado, una sepa especial para crear un caos socioeconómico en el mundo. Pero el virus no es de mentiritas, es real y es en muchos casos letal.

Pero no ahondaré en este tema más de lo necesario que es exponer un punto importante.

Las autoridades de sanidad dejaron muy en claro que debíamos mantener un distanciamiento social para evitar la propagación, y por ser mexicano, creyeron que cuando llegó acá seguía siendo un meme.

Es más, prefirieron inmortalizarse en un meme que duraría máximo semanas, que usar el sentido común y atender a las recomendaciones de las autoridades de salud.

Este instinto de auto conservación nulo nos llevará a la ruina en algún momento de la historia...

Los gringos invaden cuando se les da la gana y no hay un control en las fronteras, al menos no de aquel lado para acá.

Debemos cambiar los paradigmas que tenemos acerca de la enfermedad y la salud. Pudimos prevenir que entrara a territorio nacional para empezar, pero parece que lo hacen a propósito y dejaron entrar a quien se le antojó en tal emergencia.

Esa es una parte de lo que deberíamos cambiar, y aquí dejaré este tema por el momento, porque podría hacer un artículo completo de éste tema, y esa no es la idea.

Por otra parte, si te accidentas, es un rollo burocrático para que te paguen la incapacidad, y terminas mejor dejando por la paz todo ese desmadre, y te vas a trabajar todo lesionado o enfermo. Porque a fin de cuentas nadie te mantiene o ni a tu familia.

El IMSS debería desaparecer, y para el caso todos los sistemas de seguro social. Lo que te descuentan en relación con el servicio que te dan, es una mentada de madre.

¡Estos cabrones quieren usar el paracetamol hasta para curarte el cáncer!

La Secretaría de Salud, por otro lado, debería también regular las amenazas a la vida a nivel industrial. Ya sé que van a decir que sigo con mi rollo hippie medio ambiental, pero es hora de que se hagan responsables de proteger integralmente la salud de los mexicanos.

La contaminación del agua potable y del aire son casos a los que no deberíamos estar acostumbrados. Dependen de la fuerza de trabajo de cientos de personas para hacerse ricos, mientras los enferman y los tratan como meras piezas desechables.

La vida no es desechable, es un breve momento precioso que deberíamos pasar libres y sanos.

Depende de nosotros que así sea, exige a tus autoridades que cumplan con lo que te deben, el seguro no es gratis, es descontado de tu sueldo, eso al menos hasta que la comunidad sea consciente y evolucione este sistema.

Por otro lado, lo que puedes hacer proactivamente es responsabilizarte de tu salud y la de tu familia, y rectificar tu dieta, tus hábitos de ejercicio y practicar algún tipo de meditación o relajación. El estrés enferma y mata.

10

Educación y Entrenamiento profesional

Lo que aprendas por ti mismo jamás lo vas a olvidar.

Hay una frase hermosa que los mexicanos decimos muy a menudo: "Yo me enseñé". El mexicano es autodidacta por naturaleza, lo que no sabe lo averigua, y si no da con ello, inventa.

Cuanta chicanada no nos ha sacado del apuro.

El sistema educativo en México sigue el modelo arcaico de la era industrial. Ya no estamos para esos trotes, la ciencia y la tecnología avanzan a pasos agigantados, y no podemos darnos el lujo de sembrar paradigmas obsoletos en el futuro del país.

El sistema de mentoría es mucho más eficiente, claro si el mentor es una persona capaz y versada en el tema o profesión que quieras aprender.

Pero dado el avance de la tecnología que tenemos ahora, puedes aprender lo que quieras a cualquier hora del día, en menos tiempo y por menos inversión económica.

Dice la constitución que la educación pública debe ser laica y gratuita, pero desgraciadamente no es ninguna de las dos.

Pero en realidad lo que necesitamos es un sistema educativo que te enseñe a aprender, y a aprender rápido. Que te ayude a descubrir tus talentos si es que no te has dado cuenta de que los tienes. Y más importante, que te ayude a cultivarlos.

Jamás negaré que en mi juventud tuve excelentes maestros, contados, pero excelentes, y que, si no fuera por las adversidades que tuve con algunos, es muy seguro que no tomara el camino que de verdad era para mí.

En la secundaria pensaba que terminaría como un simple ingeniero en sistemas, gracias a dios que no, sin agraviar. Después de todo son la causa de muchos de mis momentos de júbilo y de rabia y desesperación, pero lo que agradezco es que la misma vida me llevara a escribir y no a codear.

Tuve un par de altercados con dos profesores que cometieron ciertas injusticias en mi contra, lo que me llevó a dejar la escuela, terminar la preparatoria abierta y desde ahí aprender por mí mismo aquello que necesitara o quisiera saber.

El aprendizaje no debería ser una cárcel, más bien el conocimiento de la verdad debe volvernos libres.

Pero el conocimiento debe ser algo que nos importe a nosotros, no un montón de datos inservibles que en la vida vamos a usar.

No culpo a las escuelas, si no a la sociedad que aún las mantiene. A fin de cuentas, son sistemas de adoctrinamiento para tener ciudadanos que se mantengan a raya, te educan como ellos quieren, pero recuerden lo que he dicho en lo capítulos anteriores: nosotros somos los jefes, nosotros deberíamos decidir qué es lo que queremos aprender, sin limitaciones, sin medias tintas, sin censura.

Para que la especia humana, y no solo nuestro país, evolucione a niveles más elevados, el conocimiento debe ser libre, gratuito y escalable.

De ser así, ir a la luna sería lo más común en el mundo. La polución del ambiente sólo un mal recuerdo y en las mentes jóvenes sería una fantasía, un cuento de viejos. La era del viaje interestelar sería una realidad cada vez más cerca. El lag en las comunicaciones un mito urbano de milenials.

Es por eso por lo que un cambio radical en los sistemas educativos es crucial.

Un sistema en el que se una, no se segregue. Se comprenda la naturaleza de cada uno, en vez de querer hacernos encajar en un molde. Un sistema en el que se enseñe por medio del ejemplo y la práctica, y que sea prioridad la adquisición de habilidades, sobre la de conocimientos ajenos a la profesión o habilidad que se quiere aprender.

Se le debe dar prioridad a la educación física, y enseñar dietética y hábitos de ejercicio que te duren toda la vida.

Educación medio ambiental, aumentar la cultura del reciclaje, y de que más que limpiar, tirar la basura donde va. Cambiar a sistemas energéticos, agrarios y de comunicaciones más sostenibles.

Sé que tal vez digan que mucho de esto ya lo he mencionado, pero piensen en el futuro que quieren para ustedes y sus familias, y como los cambios en el presente, en cambiar los paradigmas obsoletos por eficientes y saludables harían en este mundo.

11

Sistema Laboral eficiente

Hablar del trabajo en México, es también hablar de desempleo.

De unos años para acá, hay una nueva tribu en el país que ha ido creciendo: los Ninis.

Es el término que se les da aquí a los NEET(not in employment, education or training), personas que por propia decisión ni estudian, ni trabajan.

Parte de las causas de esta problemática las abordé en el capítulo anterior, así que esto será como un seguimiento.

Nuestros abuelos y padres crecieron con el paradigma de que el nivel de vida era proporcional a la escolaridad: más años en la escuela era igual a ganar por menos trabajo.

Pero hoy sabemos que eso no es verdad, si trabajas en algo relacionado a lo que estudiaste, prácticamente te sacaste la lotería. No por eso estés ganando lo que deberías.

Las leyes laborales en México son un chiste mal contado. Siempre benefician más al empleador antes que al empleado, y la relación del salario, las horas trabajadas por lo ganado, es una nimiedad. Los beneficios de seguro y ahorro, ni hablar. Y eres suertudo si tienes algún tipo de pensión al retirarte.

Tomando en cuenta la situación actual, los sistemas de contingencia laboral dejan mucho que descar. Mucha, no... demasiada gente no ha podido quedarse en casa en cuarentena y prevenir el contagiarse de una enfermedad que puede ser mortal.

¿Y todo esto por qué? Por esa gente que vive al día. Gente que está en un punto en el que, si no te mata el virus, te matará el hambre y los recibos. Porque ni las compañías de teléfono, ni la de luz, ni la de agua le va a importar que sea una emergencia nacional, si no pagas, te cortan.

Debemos cambiar las leyes laborales para empezar, y digo debemos, porque de nosotros como pueblo depende. Si se lo dejamos al congreso, no va a hacer nada, porque ellos a pesar de que viven de lo que producimos todos, no tienen carencias.

En esto también debe cambiar el sistema fiscal, en el que se la meten toda al trabajador y al pequeño y microempresario, al dueño del changarro, y a las grandes empresas hasta les devuelven millones en subsidios y deducibles.

Se debe incentivar a los negocios pequeños, y limitar a las multinacionales y monopolios locales, que han devorado en cuestión de años pequeños negocios que duraron décadas. Obligar a estas empresas, para empezar, que ofrezcan un salario y horario de trabajo justo. Cualquiera que haya pasado por algún OXXO, estará de acuerdo conmigo, porque si, también pasé por ahí.

Vivo en una ciudad minera en la que te pasas 14-16 horas ahí hasta que regresas a casa, un lugar con miles de personas, en las que no se pararon actividades aún en segunda fase de estado de emergencia sanitaria.

Las grandes empresas ganan millones por consumir nuestras vidas, es justo que empiecen a pagar lo que de verdad merecemos por nuestro tiempo, por los momentos que dejamos pasar con nuestra familia.

Que las jornadas sean más cortas y mejor remuneradas. Tengan por seguro que la producción se verá incrementada con el incentivo correcto.

También el garantizar un trabajo digno en cada área del país, para que no tengas que estar cambiando de ciudad a cada rato.

Necesitamos un sistema laboral en el que a la gente se le trate humanitaria-mente, no como máquinas.

Es momento de trabajar para vivir, y no vivir para trabajar.

12

Reestructuración Eficiente de nuestras ciudades

Reestructurar todas las ciudades de nuestro país debería ser un imperativo para crear una fuente de bienestar social por si sola.

Pregunten a cualquiera si vive en una ciudad en la que todo sea perfecto. Si ya sé que no existe la perfección, pero si un nivel de perfección aceptable.

La simetría nunca ha sido parte de México, todas las ciudades, supongo que contadas ocasiones, son un soberano tributo al desmadre.

Y tal vez sea una parte singular de la belleza de nuestro país, o el simple hecho de que estamos acostumbrados a vivir así.

No me lo tomen a mal, peco de la misma actitud. Siempre he amado mi casa, a pesar del estado en el que se encuentre. Pero una parte de mi dice que debería aspirar a más.

El INFONAVIT se ha encargado de esclavizar a los trabajadores de México durante décadas, y encarcelarlos en pequeños remedos de casa, que en muchas partes están apenas divididas por la misma pared.

No tener un nivel mínimo de intimidad, afecta el desempeño laboral, social y académico de nuestro pueblo.

Podríamos tener ciudades bellas, todas ellas, cada parte, cada pueblo, cada ranchito.

Es cuestión de romper un par de paradigmas, y ponernos las pilas.

Grandes terrenos

El terreno en la que la mayoría vive ofrece apenas (con suerte) un mínimo de intimidad, a lo mucho donde estacionar el carro.

No estoy seguro de las medidas que podrían sostener a la población en sí, pero un mínimo de unos 20 x 20 sería lo ideal a mi parecer, ni muy pequeña, pero tampoco tan grande para abusar o mermar el espacio para alguien más.

Con esto no estoy hablando por mexicano, pero si al menos para cada familia nuclear.

En el siguiente punto explico la razón de estas medidas, que todo se podría considerar arbitrario, pero esto aplicaría para terrenos urbanos, y debería ser el mínimo para que una familia tenga una vida digna y en una considerable intimidad.

Aclaro, con esto no hablo de un conformismo, sino de establecer un MÍNIMO aceptable para una calidad de vida en las familias mexicanas.

Quien tenga oportunidad de escalar sus terrenos vía su propio esfuerzo y medios honestos, que sea libre de hacerlo.

Debemos acabar con los pagos de rentas y que la gente empiece a ser dueño de su espacio, para poder crecer a partir de ahí.

Avenidas, calles y callejones amplias.

Las medidas estándar de los lotes por ende afectarían la manera en la que estructuraríamos nuestras calles. Lamento decir que, aunque una parte de mi ame el desmadre que es mi pueblito, necesitamos tener calles simétricas por cuestiones de eficiencia en los sistemas de servicios públicos.

También que las avenidas sean lo bastante amplias para que los autos se puedan hacer a los lados para que los vehículos de emergencia pasen sin obstrucción alguna, en la que nadie se estacione en la calle.

No debería haber calles con topes ni baches en ninguna ciudad del país, si ya sé que van a decir que es un sueño guajiro, pero impuestos sobran para que ello sea posible, sólo que no están llegando a los destinos que deberían.

La necesidad de baches es una de la que se prescindiría si se empieza a manejar una cultura de educación vial.

En cuanto las estructuras comerciales y administrativos, ya que tienen grandes necesidades de espacio, deberán ubicarse en distritos comerciales que no afecten la estructura simétrica de la ciudad en sí.

Debería haber estacionamientos de acuerdo con el tráfico promedio de estos y optimizar el tiempo que la gente pasa en estos, mejorando la velocidad y calidad en el servicio. Estacionarse en las calles entorpece el tráfico sobremanera.

Callejones con pavimento ecológico

El sistema de callejones debe ser, para empezar, exclusivo para el tráfico de vehículos de servicio público y privado. Por motivo alguno deberían usarse para tráfico cotidiano, y mucho menos que el frente de las casas dé hacia estos.

Es importante también que sean de tierra, con pavimentación ecológica, que sea fácil de excavar en caso necesario.

Sé que esto pidiendo mucho con esto, pero imaginen la ciudad con un tráfico tan fluido en el que jamás exista embotellamiento alguno o emergencia que no sea atendida a tiempo.

Red eficiente de agua potable

Necesitamos una red de agua potable con la que podamos contar siempre, provista por el Estado. No volver a pagar un centavo por un servicio vital. Que sea impulsado por energías renovables eficientes.

Debemos tener agua totalmente limpia.

También necesitamos sistemas legislativos que castiguen a las industrias que contaminen ésta, que se responsabilicen de subsanar el daño, y vetar por años sus actividades.

Éste es el único planeta con agua líquida que conocemos, la cual es esencial para la vida, al menos como la conocemos, y estamos muy lejos de si quiera poder salir de él, y cada satélite artificial que mandamos, nos encierra más aquí.

Así que cuidemos el recurso único con el que contamos.

Plantas de tratamiento

Establecer plantas de tratamiento de aguas residuales en cada ciudad del país y reutilizar toda la que sea posible antes de usar la de los pozos u otras fuentes de agua naturales.

Sistema de drenajes universal amplios

Debemos acabar con los drenajes que no llegan a ningún lado, que caen en las barrancas o peor, hasta en ríos y lagos.

Dejemos de ser tan cochinos, y tengamos conciencia de nuestro entorno.

En este momento, según es el combustible más limpio a la mano, pero en muchas casas no hay acceso a las líneas de gas, y la hacen mucho de emoción para instalarte si no tenías una toma.

En lo que encontramos combustibles más ecológicos y sustentables, al menos esta opción sería asequible.

Las pipas te roban a despoblado y el estar teniendo que ir a llenar un cilindro es muy inconveniente cuando el clima no favorece o el servicio no está disponible.

Lo ideal sería enfocarnos en investigar otros medios de producción de calor, sin duda, pero al menos por el momento, en una reestructuración general, cada terreno debería contar con una toma.

Sistema de red eléctrica para-estatal sustentable

El sistema de red eléctrica debe ser expropiado y administrado por el Estado, al igual que las normativas para la instalación de sistemas sustentables como lo son paneles y molinos de viento, y de algunos otros híbridos si aplica en el futuro.

También ofrecer subsidios para la adquisición e instalación de estos, y que dejen de poner tantas trabas para cambiar a un sistema verde de producción de energía.

Redes de comunicación de fibra óptica para-estatal

El Estado debería expropiar las redes actuales de comunicación para poder ofrecer acceso a internet de alta velocidad (50 Mbit/s cuándo mínimo) de manera gratuita, y ofrecer paquetes escalables a precios más asequibles.

Entiendo la catástrofe financiera que sería para muchas multinacionales que explotan al pueblo a diestra y siniestra con los precios tan elevados y el pésimo servicio que ofrecen, pero ellos se lo buscaron. Nuestro dinero vale tanto como el de las naciones más desarrolladas.

Es tiempo de que se nos empiece a respetar como consumidor o se larguen de aquí.

13

Sistema de acceso a la vivienda universal

Ahora sí, ya que tenemos la ciudad donde colocar las casas, necesitamos organismos que regulen la adquisición de estos bienes, que sean asequibles, que acabemos con la inflación del sector inmobiliario.

Como ya mencioné antes, el INFONAVIT es un lastre que debería desaparecer, tanto para aumentar el salario que recibimos, como para tener accesos a una vivienda más digna.

Que sea una obligación del Estado proveer este bien como parte del bienestar integral para las familias mexicanas.

Que puedas tener acceso a subsidios para instalar sistemas de energía eléctrica sustentable, como lo son paneles solares, molinos de viento o una combinación de ambas dependiendo de qué se adapte mejor al lugar donde vivas.

Ésta es una de las razones por las que mencioné las dimensiones mínimas de 20m x 20m de un terreno para casa-habitación.

Para empezar, dar un sentido de simetría y orden a la ciudad, igual lo dará a nuestras mentes. Lo que afectará el estado psicológico colectivo y aumentaría el nivel de felicidad.

El nivel de felicidad es también proporcional al nivel de producción, así que todos ganamos.

14

Sistema de transporte público sustentable

En esto podría pasarme horas, pero como dije al principio, seré lo más breve y conciso.

Ya me han visto hasta ahora que uno de los temas que más menciono es el cuidado del medio ambiente.

Pero ahora, aunque sea intrínseco, este aspecto de un mejoramiento de nuestros sistemas de vida, afectaría a la mayoría de los demás de los que hablamos antes.

Un sistema de transporte sustentable sería mucho más barato, por ende, eso disminuiría nuestros gastos básicos de vida en gran medida.

El estado debería ofrecer subsidios para la adquisición de dichos vehículos a nivel doméstico, y empezar la producción local e investigación de sistemas de escalado para estos.

Los sistemas de transporte masivo deberían cambiar a un combustible más amigable con el ambiente, como lo es el hidrógeno.

En Alemania ya hasta se maneja un tren de hidrógeno, lo que podríamos aplicar aquí, claro que primero tendríamos que expropiar todas las vías ferroviarias y construir nuevas, para que conecten a todo el país, y poder ofrecer un sistema de transporte mucho más eficiente y barato que los aviones.

De ser posible aumentar el presupuesto de investigación para el mejoramiento tanto de los sistemas de hidrógeno, como para poder adaptarlos a aviones, o hacer más eficientes los aviones eléctricos.

15

UBI: Universal Basic Income

UBI: Universal Basic Income

Lo escribo en inglés porque así es como lo conocí, pero sería en español Ingreso Básico Universal.

Es un concepto que se está probando en países desarrollados para mejorar la calidad de vida de su ciudadanía. Básicamente es recibir una parte de lo que todos producimos con los impuestos que generamos, y los 12 mil pesos que decía AMLO, bueno creo que serían poco comparado con lo que podríamos recibir si se hace de manera correcta.

Para entender este concepto, ya puse algunas bases en los anteriores capítulos, y TODAS las anteriores maximizan el UBI, pero no necesariamente por ello no se pueda hacer sin cumplir estas primeros, pero es obvio que sería lo ideal.

- El presupuesto que se ahorra en el sistema de elecciones deficientes que tenemos.
- El excedente que queda tras desaparecer los partidos políticos.
- El detener el enriquecimiento ilícito a base del saqueo del erario y la explotación laboral.
- El controlar y bajar los salarios de los departamentos de Administración y Función pública en menos del salario mínimo ciudadano, suficiente para la subsistencia. Dados los beneficios sociales que he mencionado a lo largo

del libro, es posible que puedan vivir con esta cantidad sin carencia alguna.

- Quitar IVA, ISR, tenencia vehicular y otros impuestos injustos y cambiar nuestro sistema fiscal a uno más eficiente. Obvio los funcionarios de administración tributaria se verían afectados por el control salarial a la Administración Pública.
- Expropiar (de nuevo) la CFE y PEMEX, el primero para poder tener una red eficiente y no abusiva a nuestro bolsillo, de ser posible gratuita; el segundo para cerrarlo y reducir nuestra huella de carbono a 0.
- Reducir y optimizar los sistemas legales y de justicia. Reducir al mínimo el gasto de Ejército y policías, y fomentar una cultura de justicia y honestidad.
- Cerrar los sistemas de seguridad social actuales, y cambiarlos por un sistema de prevención y hábitos de vida saludables. Tener menos hospitales, pero mejor equipados para emergencias.
- Cerrar escuelas y crear academias profesionales, reduciendo así el tiempo que la gente pasa en formación. Acabar con el tronco común, y educar a los docentes para descubrir los talentos y aptitudes y enfocar los esfuerzos de las personas en estos. Quitar el preescolar, fomentar el cultivo de los valores en casa y la unión familiar.
- Reducir jornadas de trabajo, pagar mejores salarios basados en la producción y aportación a las empresas. 4 horas en mi opinión sería lo ideal. Acabaría con las horas muertas y el estrés laboral, así como mejoraría la productividad.
- Una reestructuración de las ciudades mejoraría la eficiencia y reduciría el costo de servicios y su mantenimiento en gran medida, así como el acceso a la calidad de estos.
- El acceso a la vivienda universal acabaría con las rentas, un flujo de dinero que volvería al erario en forma de prediales, los cuales también deben ser más justos.

Todos estos puntos, de ser respetados, podrían ofrecernos una cuantiosa cantidad mensual con la cual solventar nuestros gastos de vida. La corrupción y el despilfarro le han costado México demasiados recursos ya, económicos, naturales, y lo peor, demasiados recursos humanos valiosos.

Muchos dirían, "¿Para qué quiero trabajar si ya me mantiene el gobierno?". Muy por el contrario, el UBI sería un piso desde donde podrías crecer personal y profesionalmente. Podrías usar tu sustento seguro para estudiar y formarte en la carrera de tus sueños. Podrías crear un negocio sin el miedo de morirte de hambre o quedarte a medias en el intento. O podrías desarrollar tu lado espiritual (no religioso, espiritual), con lo cual ayudarías en gran medida al mundo también.

En fin, tener una base desde la cual empezar no sería tu techo, sino un suelo fértil en el cual crecer.

16

Parcelas Agrarias

La tierra es de quien la trabaja.

Dejé este tema para lo último a propósito, porque igual se podría hacer un libro completo de esto.

Nuestra civilización, la humanidad, nació gracias a 3 grandes pilares: El fuego (energía), la escritura (conocimiento, trascendencia) y lo que más nos identifica, la agricultura (sustento).

En nuestro país, éste es un departamento en el que el Estado ha sido muy negligente, y existe un sistema ejidal muy amañado, amacizado por un grupo de huevones que están acostumbrados a saquear el erario sin producir nada.

Hace poco más de 100 años, Emiliano Zapata hizo célebres las palabras con las que empecé este tema.

Es una verdad que debería ser inherente en la realidad de cada mexicano, pero triste es que la tierra es de quien la agandalla.

México necesita con urgencia un sistema legislativo que de verdad de la tierra a quien la trabaje, que se manejen sistemas sustentables y agricultura de rotación de suelos responsables.

También el respeto por las aguas de riego, que se le dé prioridad al campo, antes que a la industria, y de paso limitar la explotación desmedida de recursos naturales de ésta.

Se deben quitar los ejidos a quien tienen la tierra ociosa y dárselo a quien sí la trabaje, que se manejen periodos cortos de producción, tener contratos de renovación anuales y dar apoyos en base a la producción.

La parte del erario destinada al campo debe ser considerada sagrada, porque es la vida y sangre de los nuestros.

Conclusión

No con todo lo que dicho quiera proclamar un modelo social de mediocridad, sino más bien de equidad.

La competitividad y el capitalismo agresivo nos va a dejar sin un planeta en el que poder competir, sin nadie a quien ganar, sólo habrá perdedores si no creamos un cambio, no a corto plazo, sino en el inmediato presente. Cada paso es importante y decisivo.

Los gobiernos del mundo se encargan de dividir a la gente, en equipos de fútbol, partidos políticos, colores, olores y sabores, pero, a fin de cuentas, cualquier decisión y acción que tomemos, no sólo nos afecta a nosotros, si no al mundo en general.

Debemos empezar a desarrollar un Altruismo Egoísta, en el que, aunque sepamos que ayudar al prójimo no nos recompensará en el presente inmediato, lo hará en su debido momento.

Muchas gracias por pasar estos breves momentos conmigo, y espero que la medida de lo posible, te haya abierto a nuevos paradigmas positivos que te inspiren a dirigir un cambio significativo en la vida de todos.

Acerca del Autor

Guido F. Manzano es un reconocido escritor de novelas épicas de fantasía y ciencia ficción. Sus historias cautivan a los lectores con mundos imaginarios, personajes memorables y tramas apasionantes. Descubre su universo literario y déjate llevar por la magia de sus palabras.

Puedes conectar conmigo en:

- http://guidofmanzano.com
- https://twitter.com/guidoversum
- https://www.facebook.com/guidoversum

También por Guido F. Manzano

Soy un novelista Mexicano, que gusta de la fantasía, la magia, los viajes interestelares y en el tiempo, a través de las dimensiones, y es justo a donde los voy a llevar con mis historias.

Exilio de Príncipes

El mismo día del nacimiento de su primogénito, Thorenphen Alafneir, el rey de Elfaica, se enfrenta a su hermano, Régneton Cursen, quien fue sentenciado por él mismo. Este toma su venganza al atacar al infante en brazos de su madre, Fanney.

Su única esperanza es escapar al mundo de Gaia, donde se encontrarán con el mejor amigo de Thoren, Oraphen Endel, y otros rostros no tan amistosos...

www.ingramcontent.com/pod-product-compliance
Lightning Source LLC
Chambersburg PA
CBHW050706250726
48662CB00002B/863